AF468334

CATALOGUE
RAISONNÉ
DES OUVRAGES

QUI PARURENT EN 1614 *ET* 1615,

A

L'OCCASION DES ÉTATS.

Ne, Pueri, ne tanta animis assuescite bella,
Neu Patriæ validas in viscera vertite vires.

VIRGILE. Æn. VI.

1789.

AVERTISSEMENT.

Ce Catalogue comprend 210 *Pieces, composées à l'occasion des Etats-Généraux de* 1614. *Il eût été aisé de le rendre plus nombreux, mais nous n'avons pas voulu y joindre quantité de Pieces qui parurent dans le même temps, & qui n'ont qu'un rapport indirect aux Etats. Nous avons lu ou parcouru la plupart de celles que nous donnons ici. Quelques-unes portent le même titre: nous avons indiqué, pour ne pas les confondre, le nombre des pages qu'elles contiennent. Toutes sont in-8.°, à l'exception de cinq ou six qui sont in-4.° On verra, par le jugement que nous avons porté de plusieurs de ces*

Pieces, & par la lecture qu'on peut ſe procurer des plus importantes qui ſe trouvent dans les différentes bibliotheques de cette Capitale, que les agitations qui ont lieu depuis deux mois à l'occaſion des Etats-Généraux, ne ſont pas nouvelles.

Nous donnerons inceſſamment un ſemblable Catalogue de tout ce qui a paru juſqu'ici, relativement aux prochains Etats. Chaque Piece ſera accompagnée de remarques, & d'un jugement impartial.

CATALOGUE

CATALOGUE RAISONNÉ DES OUVRAGES QUI PARURENT EN 1614 ET 1615, A L'OCCASION DES ETATS.

§. PREMIER.

Ecrits concernant la convocation des Etats, & ce qui s'y est passé.

LETTRE de Monseigneur le Prince à la Royne, 1614. 12 pages *in*-8.°, comme toutes les Pieces de ce Catalogue, à l'exception d'un petit nombre qui seront indiquées.

—Elle est datée de Mezieres, du 18 Février: il demande la convocation des Etats.

2. Double de la Lettre, écrite par Mgr. le Prince, suivant le vrai original, à la Reine Régente, Mere du Roi, le 19 Febvrier 1614. 12 pag.

—C'est la seconde Edition. 19 est une faute.

3. Response de la Royne Régente, Mere du Roy, à la Lettre escrite à Sa Majesté, par Mgr. le Prince de Condé, le 19 (18) Febvrier 1614. Jouxte la copie imprimée à Paris, par F. Morel. 23 pag.

—Elle est datée du 27 Février. La Reyne accorde la tenue des Etats.

4. Double de la Response de la Royne Régente, Mere du Roy, à la Lettre escrite à Sa Majesté, par Mgr. le Prince de Condé, le 19 de Febvrier 1614. 28 pag. Paris, Morel & Mettayer.

5. Response de la Royne à la Lettre de Mr. le Prince. 7 pag.

—Elle est sans date, mais elle a précédé la Lettre du N.° 3 & 4.

6. Response pour la Royne à M. le Prince. 31. pag.

—Cette Lettre est supposée. On donne des conseils au Prince.

7. Le Manifeste de Mgr. le Prince, envoyé à M. le Cardinal de Joyeuse. Ensemble la Lettre de M. de Bouillon, envoyée à Madame de la Tremouille. 15 pag.

8. Articles de la paix. Paris, Morel & Mettayer, 1614. 12 pag.

—Ce sont les articles du Traité de Sainte-Menehould, signés le 15 Mai 1614; on y accorde, entre autres choses, la tenue des Etats.

9. Articles accordés par le sieur Duc de Ventadour, & les sieurs de Thou, Jeannin, Boissise & de Bullion, Commissaires députés par Sa Majesté à Mgr. le Prince de Condé, &c. Lyon, 1614.

—C'est une seconde Edition.

10. Le Projet des principaux articles de la Paix, & le choix du lieu pour la tenue des prochains Etats, 1614. A Paris, pour Gilbert le Veau. 15 pag.

11. Discours sur le Traité de Soissons.

—On y parle des Etats comme devant être le remède à tous les maux.

12. Lettre de Mgr. le Prince de Condé à la Reine Régente.

—Il la remercie des articles accordés.

13. Lettres du Roy, contenant le Mandement de Sa Majesté pour la convoca-

tion des Etats-Généraux de ce Royaume, en la ville de Sens, au 10 Décembre 1614.

14. Des Etats-Généraux de France, avec ouverture des moyens d'une bonne réformation pour le bien du service du Roy & de son Etat, utilité, commodité & soulagement de son Peuple, & pour l'exécution des Ordonnances, 1615. 79 pag.

—On y traite de l'ordre qui doit être tenu aux Etats, & des moyens de remédier aux abus.

15. De l'ordre observé en la convocation des Etats-Généraux de France, tenus à Paris en 1614.

16. Lettre de M. le Prince à Messieurs de la Cour de Parlement.

—Elle est datée de Mézieres, du 18 Février 1614 : il fait part de la Lettre qu'il écrivit le même jour à la Reine.

17. Lettre de M. le Prince, au Parlement de Paris, présentée par le sieur de Fiefbrun, le 22 Février 1614.

—C'est une seconde Edition.

18. Lettre de M. le Prince de Condé à M. le Prince de Conty.

—Datée de Mézieres, le 18 Février 1614 : il l'engage à se joindre à lui pour la *con-*

rection des désordres par une Assemblée d'Etats.

19. Discours sur la Lettre de M. le Prince. Paris, Durand, 1614. 31 pag.

—On y dévoile les raisons qui l'engagent à demander les Etats, quoique ces Assemblées, dit-on, n'ayent eu jusqu'ici aucun succès, & on lui conseille de laisser au Roi le Gouvernement de l'Etat.

20. La Réponse à la Lettre de M. le Prince, envoyée à MM. du Parlement de Bordeaux. Paris, Bordeaulx & Millot, 1614. 12 pag.

21. Discours sur le Traité de Soissons, avec le Discours de ce qui s'est passé à Mézieres, 1614. 16 pag.

—Contre les Princes.

22. Advis à Mgr. le Prince. 21 pag.

—Par un Partisan du Prince de Condé, sur la réforme du Royaume & contre l'alliance avec l'Espagne.

23. De par le Roy, &c. Donné à Paris le 16 Mars 1615. 3 pag.

—Le Roi permet aux Députés de se retirer.

24. Discours remarquable sur un fait advenu à Paris pendant les Etats, 1615.

25. L'ordre observé en la procession générale faite à Paris le 26 Octobre 1614, pour l'heureux succès des Etats-Généraux,

par M. C. Jourdan, Huiſſier des Comptes, Pariſien. Paris, Brunet.

27. Gazette des Etats de ce temps, du Seigneur Gio, Serviteur de Pierre Groſa, traduite de l'Italien en Français, le 1 Janvier 1615. 14 pag.

—Sur la Paulette & les Penſions, l'affaire du Duc d'Epernon, & la réception du Concile de Trente.

28. Lettre du Roi, 1615, du 16 Mars.

—Il accorde la révocation du droit annuel, l'établiſſement d'une Chambre de Juſtice, & la modération des Penſions. Il permet aux Députés de ſe retirer, avec promeſſe d'une plus ample réponſe.

29. Les ſept derniers articles accordés par le Roi & ſon Conſeil, à MM. les Députés des trois Etats. Paris, 1615.

30. Remerciement de la France, à MM. les Députés des trois Ordres, ſur la clôture & concluſion d'iceux, 1615.

—Fade éloge des Députés.

31. Manifeſte ou juſtification de M. le Prince, 1615.

—Satyre vive de ce qui s'étoit paſſé aux Etats.

32. Réponſe au Manifeſte de M. le Prince, 1615.

33. Avis à M. le Prince, 7 pag.
—Différent de l'avis, N.° 23, on l'exhorte à repréſenter au Roi la prévarication des Députes, & le danger de l'alliance avec l'Eſpagne.

34. Ordonnance du Roi, portant commandement à tous Bourgeois, Marchands, Maîtres & Gardes des Corps & Communautés des marchandiſes, & tous autres de quelque état & condition qu'ils ſoient, d'apporter ou envoyer en toute liberté à l'Hoſtel de la Ville de Paris, les plainctes, doléances & remontrances que bon leur ſemblera, pour y être fait droict à la tenue des Etats. Paris, Mettayer, 1614. 6 pag.
—Elle eſt ſignée du 27 Juin 1614.

35. Noms & qualités de Meſſeigneurs les Cardinaux, Archevêques, Evêques & autres Sieurs Eccléſiaſtiques, députés par le Clergé des Sénéchauſſées & Bailliages du Royaume de France, comprins en 12 Gouvernemens d'icelui, qui ont été receus & aſſiſté en la Chambre Eccléſiaſtique des Etats-Généraux du Royaume de France, en la préſente année 1614. Paris, Richer, *in*-4.°, 38 pag.

§. II.

Discours, Procès-verbaux, Cahiers, &c.

1. Harangue prononcée en la salle du Petit-Bourbon, le 27 Octobre 1614, à l'ouverture des Etats tenus à Paris; par R. P. en Dieu, Messire Denis-Simon de Marquemont, Conseiller du Roi en ses Conseils d'Estat, & privé, Archevêque, Comte de Lyon, & Primat de France. Paris, Cramoisy, 1614. 13 pag. —Flatteries basses & rampantes. Il compare la Reine à Debora, & souhaite au Roi cent ans de vie & la conquête de l'Orient & de Jérusalem.

2. Harangue prononcée en la salle du Petit-Bourbon, le 27 Octobre 1614, à l'ouverture des Etats tenus à Paris, par Messire Pierre de Roncherolle, Gentilhomme ordinaire de la Chambre du Roi, & Sénefchal de Ponthieu. Paris, Cramoisy 1615. 13 pag.
—Compilation mal digérée, plus digne d'un Pédant que d'un Gentilhomme. Le Baron de Senecey fit le discours de clôture, mais il eut la prudence de ne point le faire imprimer.

3. Harangue faicte au Roy, à l'ouverture de ses Etats-Généraux, en la Ville de Paris, pour

pour le Tiers-Etat, le 27 Octobre 1614, par Messire Robert Myron, Conseiller du Roy en ses Conseils d'Estat & privé, Président aux Requêtes de la Cour de Parlement de Paris, & Prévost des Marchands de ladite Ville, Président dudit Tiers-Etat. Paris, Cramoisy, 1615. 10 pag.

—Harangue noble & généreuse, quoique prononcée à genoux, selon l'usage du Tiers, dont on s'étoit cependant départi aux Etats d'Orléans.

4. Harangues panégyriques au Roy, sur l'ouverture de ses Etats, & à la Reine, sur l'heureux succès de sa régence. Paris, Dubray, 1615. 16 pag.

—Plus de flatterie que d'instruction.

5. Harangue prononcée en la salle du Petit-Bourbon, le 23 Février 1615, à la closture des Etats tenus à Paris; par R. P. en Dieu, Messire Armand Jean Duplessis de Richelieu, Evêque de Luçon. A Paris, Cramoisy, 1615. 64 pag.

—Très-bien écrite, mais toute en faveur du Clergé. L'Orateur paroît ne s'être pas oublié dans le Conseil qu'il donne au Roi d'admettre les Ecclésiastiques au maniement des affaires. Il le prie aussi de laisser l'Administration du Royaume à ſa Mère ; mais, comme le remarque le cauſtique le Vaſſor, le Cardinal de Richelieu ne fut pas long-tems de l'avis de l'Evêque de Luçon.

7. Remontrance au Roy contre les duels, prononcée au nom du Clergé de France à la tenue des Etats, le 26 Janvier 1615 ; par Pierre de Fenouillet, Evêque de Montpellier, 1615.

8. Harangue au Roi, ſur la concluſion des Etats, 1615.

9. Harangue faite au Roy & à la Reyne, par Balthazar de Vias, Docteur ès Droits, & Avocat en la Cour de Provence, Aſſeſſeur & Député de la ville de Marſeille, aux Etats-Généraux de France. Paris, Hulpeau, 1615.

10. Harangue prononcée devant le Roy & la Reyne, en la ſalle de Bourbon, à la repréſentation du cahier du Tiers-Etat ; par Meſſire Robert Miron, Conſeiller du Roy en ſes Conſeils d'Eſtat & privé, Préſident aux Requeſtes du Parlement & dudit Tiers-Etat, & Prévoſt des Marchands de la ville de Paris, le lundy 23 Février 1615. Paris, Cramoiſy. 68 pag.

— Diſcours ſolide, grave ſans affectation, reſpectueux ſans baſſeſſe, libre ſans emportement. Il s'y plaint des déſordres qui régnoient parmi le Clergé, la Nobleſſe & les Gens de robe.

11. Diſcours remarquables advenus à Paris pendant les Etats.

12. Cahiers généraux des articles réſolus & accordés entre les Députés des trois Etats, 1615.

13. Remontrances ſur l'exécution des délibérations priſes en la Chambre du Tiers-Etat, pour le retranchement des tailles, communication des cahiers entre les trois Chambres, & pour la pourſuite d'une Chambre contre les Financiers; prononcées au Roy, au Clergé & à la Nobleſſe, par M.e Pierre Marmieſſe, Avocat au Parlement de Tholoſe, & Député aux Etats-Généraux, 1615. —Marmieſſe fit quatre harangues, dont la ſeconde regarde le premier article du cahier du Tiers-Etat.

14. Recueil d'une réponſe du Tiers-Etat, rendue en la Chambre de la Nobleſſe, & le compliment à Mgr. le Chancelier, par MM. les Préſidens & Lieutenans Généraux, après la tenue des Etats. Paris, Bouillent, 1615. —Concernant la réponſe que le Roi avoit promis de faire aux cahiers.

15. Articles préſentés au Roy par les Députés de la Chambre du Tiers-Etat de Fran-

ce; enſemble les reſponſes de Sa Majeſté, accordées ſur iceux. Paris, Saugrain, 1615, *in*-4.°, 12 pag.

16. Arrêts du Conſeil d'Eſtat du Roy, donné ſur aucuns articles de ſurſéances demandées par les Députés du Tiers-Etat de France. Paris, Saugrain, 1615, *in*-4.°, 16 pag.

17. Très-humbles remontrances faictes au Roy par les Thréſoriers de France & Généraux des Finances de ſon Royaume, ſur la continuation du droit annuel. Paris, 1615. 14 pag.

§. III.

Mémoires, Avis, & Conſeils adreſſés aux Députés.

1. Advis aux trois Etats de ce Royaume, ſur les bruits qui courent à-préſent de la guerre civile. Paris, Chevalier, 1614. Jouxte la copie imprimée à Blois, 15 pag.

—Contre les Princes.

2. Advis, Remontrances & Requeſtes aux Etats-Généraux tenus à Paris, 1614; par ſix Payſans. 62 pag.

—Le P. Lelong en fait un grand éloge, &

cette piece le mérite à tous égards. C'est l'éloquence du Paysan du Danube, dont on cite même l'histoire.

3. Le Surveillant François.

—Ce sont des avis aux Députés. On conseille de laisser en paix les Protestans.

4. Remontrances du pollitic (*sic*) aux trois Etats, 1614; par P. L. P. S. D. B L. 22 pag.

5. Discours d'un Gentilhomme François, à la Noblesse de France, sur l'ouverture de l'Assemblée des Etats-Généraux dans la Ville de Paris, avec deux avertissemens particuliers à MM. les Députés du Clergé & de la Noblesse, 1614. 87 pag.

—On y maltraite les Financiers & les Officiers de Justice. Il y a une édition *in*-4.° de 48 pag.

6. Franc & libre Discours, ou avis aux Députés des trois Etats, pour la réformation d'iceux; par B. L. D. l'un des élus pour le Tie rsOrdre. Paris, Dubreuil, 1614.

7. Discours à MM. les Députés aux Etats-Généraux de France, 1614. 69 pag.

8. Déclamation contre les vices des trois Ordres de l'Etat.

9. Mémoires adressés à MM. des Etats, pour présenter à Sa Majesté, contenant les fautes,

abus & malversations commises par les Officiers des Finances, Partisans & Payeurs des rentes, en l'étendue de ce Royaume. 26 pag.

—Ce sont des détails sur les moyens qu'ils employent pour s'enrichir. Il y a une autre édition qui a 32 pag.

10. Harangue de l'Amateur de Justice, aux trois Etats, 1615. 16 pag.

—Contre la vénalité des Charges.

11. Avis à MM. des Etats, pour la sûreté du Roy, de l'Estat & Maison Royale. 7 pag.

—Cet avis est de Louis Servin, Avocat Général.

12. Le Caton François, au Roy. Paris, 1614. 64 pag.

—Ce sont des avis au Roy pour l'Administration de son Royaume.

13. L'image de la France, représentée à MM. des Etats, avec la réfutation d'un Libelle intitulé : *le Caton François*, fait contre ceux qui maintiennent la Religion & l'Etat. Le tout divisé en 3 parties, 1615, 136 pag.

14. Le Caton & Diogene François, pour apologie contre un trait de l'Image de la France, où est représentée la réfutation du Caton François, 1615. 63 pag.

—Le titre n'est pas exact dans le P. Lelong.

15. A MM. des Etats. 8 pag.

—Contre le Maréchal d'Ancre.

16. A Messieurs des Etats, en la Chambre de la Noblesse, 1615. 8 pag.

—Sur le Commerce maritime, par Jacques Fresneau, Ecuyer, sieur de la Fresniere, & de la Barilliere, Auteur & Promoteur de l'Association & Négoce maritime.

17. Le Tombeau de la Paulette, 1615.

18. Remontrances aux Malcontens. Paris, 1614. 22 pag

—Contre les prétentions des Princes, avec des réflexions sur la Lettre de M. le Prince. Il y a une Addition contre Richer & ses sentimens.

19. Extrait d'une Lettre envoyée à l'un des Grands de ce Royaume, touchant la vénalité des Offices. 12 pag.

20. Franc & véritable Discours sur la révocation du droit annuel. 15 pag.

21. Remontrances à MM. des trois Etats, par le Zopire Francois. 16 pag.

22. A Monseigneur le Prince. 4 pag.

—C'est une suite du Zopire.

23. Le Financier, à Messieurs des Etats, 1615. 40 pag.

24. Brief discours, contenant deux avis; l'un pour faire cesser la vénalité des Offices, & l'autre pour changer la foule de la levée & cotisation des tailles, à MM. des trois Etats du Royaume, à présent assemblés en la ville de Paris, 1615. 29 pag.

25. Plaintes de la France. 24 pag.

26. Le bon François; contre les Libelles. 27 pag.

27. Discours sur l'injustice des Plaintes qu'on fait contre le Gouvernement de l'Etat. 38 pag.

28. La Pitarchie Françoise, ou Réponse aux vaines plaintes des Malcontens. 48 pag.

29. Les véritables intentions de la Noblesse Française. 34 pag.

30. Advis sur le fait des duels, à M. des Etats. Paris, Julliot, 1615. 21 pag.

31. Le bon François, 1614.
—Contre les Princes.

32. L'Officier & Catholique Royal, sur le droit annüel & le premier article du Tiers-Etat, 1615. 193 pag.
—L'avis au Lecteur est signé G. R. P. D. B.

33. Mémoires à M. des Etats, pour parvenir à oster la vénalité des Offices, tant de Judicature, que de Finances, tirant gages de Sa Majesté,

jesté, & les moyens pour faire, en 12 années, le remboursement actuel d'iceux esgalement par chacune desdites années, suyvant l'estat qui en sera fait. 1614. 15 pag.

34. Monsieur & Cousin, vous avez bonne grace d'estimer, &c. 23 pag.

—C'est une Lettre sans titre & sans date, contre la Paulette.

35. Advis de Caton en l'Assemblée des Chambres, ce 11 de Mars 1615, sur le sujet de la Paulette. 15 pag.

36. Le Trésor des Trésors de France, volé à la Couronne, par les incogneües faussetez, artifices & suppositions commises par les principaux Officiers de Finance, découvert & présenté au Roy Louis XIII, en l'assemblée des Etats-Généraux tenus à Paris l'an 1615; par Jean de Beaufort, Parisien, avec les moyens d'en retirer plusieurs millions d'or, & soulager son Peuple à l'advenir, 1615. 180 pag.

—Beaufort étoit soutenu par le Chancelier: on a prétendu que ce donneur d'avis fut appellé par la Cour pour que les Députés s'occupassent de projets qu'on faisait semblant d'approuver, & qui trouverent ensuite bien des contradictions. Il y a une édition *in*-4.° 144 pag.; mais les pages recommencent au

Chap. 24, & le Chap. 26 finit à la 28 pag. de cette nouvelle diviſion, qui eſt ſuivie d'un nouveau titre : à Mgrs. des Etats. 3 pages.

37. Réponſe aux remonſtrances de Jean de Beaufort. 37 pag.

—Ce n'eſt pas la ſeule qu'on ait fait à l'Ouvrage de Beaufort.

38. Advertiſſement à la France, 1614. 14 pag.

—Contre les Princes. On montre que, malgré les belles promeſſes qu'ils avaient faites de renoncer à leurs penſions, &c. ils ne s'étaient occupés que de leurs intérêts.

39. Le vieux Gaulois à MM. les Princes. A Paris, Lebégue, 1614. 23 pag.

—Contre les Princes.

§ IV.

Avis & Conſeils adreſſés au Roi ou à la Reine.

1. AVIS au Roi, ſur la Réformation générale des abus qui ſe commettent en ſon Royaume, 1614. 16 pag.

—Contre les abus qui régnent dans l'Egliſe, la Juſtice & les Finances.

2. Humble ſupplication au Roy, pour le ſoulagement du Tiers-Etat, 1614.

—On demande l'encouragement du Commerce, la prompte expédition des Procès, l'expulſion des flatteurs, & on l'engage à choiſir de bons Conſeillers.

3. Lettres du ſieur de Balzac au Roy & à la Reyne, 1614.

—Sur les Etats-Généraux.

4. De l'Autorité Royale, 1615. 24 pag.

—A l'occaſion de l'Arrêt du Parlement, du 28 Mars, qui convoquait les Pairs. L'Auteur n'eſt pas favorable aux prétentions du Parlement.

5. Le Conſeiller fidèle à ſon Roy, 1615. 95 pag.

—Ce ſont de grands projets de réforme.

6. Avis au Roy, 1615. 11 pag.

—On l'exhorte à choiſir de bons Conſeillers, de bons Juges & de bons Prélats, mais ſurtout à détruire les Partiſans.

7. Utile & ſalutaire avis au Roy pour bien régner. 70 pag.

—Quelques éditions n'ont que 64 pag.

8. Le Chevalier errant, pour ſupplément du Zopire Français, au Roy. 23 pag.

—Il eſt ſigné I. L. P. S.

9. Diſcours ſur l'Etat préſent des affaires de France, au Roy. 52 pag.

—Sans date, mais après la tenue des Etats.

10. Diſcours à la Reyne Régente, Mère du Roy, ſur les déſordres qui ſont pour le préſent en ce Royaume. *Si natura negat, &c.* 21 pages, en grands vers.

11. L'autorité Royale en ſon degré. 35 pag.

12. La vérité, la juſtice & la paix, au Roy. 11 pag.

13. Le vrai Serviteur du Roy, dédié à Sa Majeſté : *dico ego opera mea regi, &c.* 17 pag.

14. Le Cenſeur (*ſic*), Diſcours d'Etat, pour faire voir au Roy, en quoi Sa Majeſté a été mal ſervie, 1615. 51 pag.

—Conſeils au Roi, après la tenue des Etats.

15. Très-humble requeſte au Roy, ſur la diſpoſition de la Chambre de Juſtice; par un Officier des Finances, 1615. 14 pag.

16. Le Serviteur Fidèle, l'Homme d'Etat, Dialogue, 1614. 35 pag.

17. Brief Diſcours dédié au Roy, ſur la tenue des Etats en ſa ville de Paris. Dubrueil, 1614. 15 pag.

—Grand éloge du Roy. Il eſt ſigné B. I.

§. V.

Ecrits à l'occasion du Cahier du Tiers-Etat, touchant la sûreté de la Personne de nos Rois; sur la réception du Concile de Trente; la Harangue du Cardinal du Perron, & d'autres matières ecclésiastiques.

1. HARANGUE de Jacques Davy, Cardinal du Perron, aux Etats, sur l'article du Serment. Paris, Etienne, 1615.

—Systême dangereux appuyé sur l'autorité de mauvais Théologiens, & sur des passages mal entendus de l'Ecriture. Le Président Miron répondit sur-le-champ au Cardinal, avec beaucoup de sagesse & de fermeté.

2. Réponse à la Harangue, (du Cardinal du Perron) par V. D. A. C. D. 1615. Paris, veuve Velut.

3. Response à la Harangue faite par l'illustrissime Cardinal du Perron. A Paris, 1614; par M. Viole d'Athys, Chevalier, Conseiller au Conseil d'Etat du Roy; revue & augmentée de nouveau. Paris, 1616.

—C'est la seconde édition.

4. Brieve confutation de la Harangue du Cardinal du Perron. Mont-Belliard, de la Londe, 1615.

5. Avis à un des grands du Royaume, sur la Harangue du Cardinal du Perron, 1615.

6. Déclaration du Roy d'Angleterre Jacques I. Stuart, pour le droit des Roys, contre la Harangue du Cardinal du Perron. Londres, 1615, *in*-4.° Jouxte la copie de Londres, 1615, *in*-8.°
—Jacques I, peu sensible aux éloges que le Cardinal lui avait donnés dans son Discours, le réfute, & même avec aigreur, jusqu'à lui reprocher les coups de fouet & de bâton qu'il avait bien voulu recevoir à Rome, au nom d'Henri IV; en quoi il avait excédé ses pouvoirs, le Roi consentant tout au plus à s'humilier, mais non pas à s'avilir.

7. Relation véritable envoyée au Roy de la grande Bretagne, de plusieurs divers jugemens faits en France, sur le sujet de la Déclaration de Sa Majesté, pour le droit des Roys & l'indépendance de leur Couronne; par François de Kermadec, Baron de Cussé. Caen, sur la copie imprimée à Nantes, 1615. *in*-4.° 180 pag.

8. Discours de l'autorité & puissance Royales, contre l'advis puis nagueres imprimé au pré-

judice d'icelle, & du repos de cet Etat. 16 pag.

9. Raiſons pour l'oppoſition de MM. du Clergé & de la Nobleſſe, à l'article propoſé par aucuns, en la Chambre du Tiers-Etat, 1615.

10. Déſaveu de Provence au Roy, de ce qui s'eſt paſſé aux Etats-Généraux de France, à Paris, en 1614, au ſujet du premier article du cahier du Tiers-Etat, 1615. 8 pag.

—Les Députés de Provence ayant un peu *louvoyé* au ſujet du premier article, ſont déſavoués par leurs Concitoyens.

11. Extrait des Etats-Généraux de 1614 & 1615.

—On y trouve tout ce qui ſe paſſa au ſujet du premier article.

12. Lettre d'un Prélat, député du Clergé en l'Aſſemblée des Etats, ſur ce qui s'y eſt paſſé touchant l'article contentieux employé pour le premier au cahier du Tiers-Etat, 1615.

—Cette Lettre eſt de Charles Miron, Evêque d'Angers.

13. Le Cahier Général des Remontrances que l'Univerſité de Paris a dreſſé pour préſenter au Roy, en l'Aſſemblée des Etats-Généraux, 1615.

—Il eſt conforme au premier article: le Recteur le préſenta le 2 Janvier 1615; mais il fut défavoué, & on prétendit que le Cahier n'était l'ouvrage que de quelques Particuliers fans aveu. L'Univerfité était alors divifée; auffi ne joua-t-elle pas un grand rôle aux Etats, même fur les affaires eccléfiaftiques, les feules fur lefquelles elle pourrait être confultée dans ces fortes d'Affemblées.

14. Lettre de noftre Sainct Pere le Pape, à MM. du Clergé, députés aux Etats de ce Royaume, le 31 Janvier 1615; avec la Réponfe faite par L. E. D., 1615.

—La Lettre du Pape a 15 pag. elle n'eft qu'en français.

15. Lettre de noftre Sainct Pere le Pape, efcrite à MM. de la Nobleffe, députés aux Etats-Généraux de ce Royaume. 8 pag.

—On y a joint la Traduction. Le Pape remercie la Nobleffe de ce qu'elle s'eft oppofée au premier article.

16. Le Décret du Concile de Conftance, contre les attentats fur la facrée perfonne des Roys, 1614. 8 pag.

17. Advis des affaires de France, du 29 Décembre 1589, préfenté au Cardinal Cajetan Legat, en Février 1590; par L. D. A, avec plufieurs autres Pièces & Extraits, concernant l'obéiffance due aux Roys, pour oppofer

à ceux qui ont entrepris contre l'article 1 du cahier du Tiers-Etat. 1615.

18. Lettre d'advis au Président Miron, sur les Réponses par lui faictes à la Harangue du Cardinal du Perron, & de l'Evêque de Beauvais, pour la puissance ecclésiastique, contre la séculiere. Nantes, 1615.

—Cette Lettre est de François de Kermadec, Baron de Cussé.

19. Article de l'Eglise, rapporté au Tiers-Etat, par M. l'Evêque de Mâcon, en Janvier 1615.

20. Le premier article du cahier général des Députés du Tiers-Etat de France, assemblés à Paris, aux Augustins, en l'année 1614. 1615.

—De Claude le Prêtre, Conseiller au Parlement de Paris, contre les parricides des Roys, & les Casuistes. C'est une seconde édition de l'article précédent.

21. Manifeste de ce qui se passa dernierement aux Etats-Généraux, entre le Clergé & le Tiers-Etat.

22. Les Résolutions & Arrestés de la Chambre du Tiers-Etat, touchant le premier article de leur cahier, présentés au Roy. A Paris, Mettayer, 1615, *in-4.°* 95 pag.

—C'eſt une réfutation du précédent manifeſte.

23. Extrait des regiſtres du Conſeil d'Etat, ſur le différend d'un article propoſé en la Chambre du Tiers-Etat. 1615.

24. Le Gentilhomme Bourguignon. Paris, 1615. 12 pag.

—Contre les prétentions ultramontaines.

25. Loy fondamentale du Royaume. 1615.

—En faveur de la Souveraineté des Roys & de l'indépendance de leur Couronne.

26. Advis donné au Roy dans ſon Conſeil, par Mgr. le Prince de Condé, ſur l'article du Tiers-Etat, 1615. 8 pag.

—Il y a une autre Edition qui a 13 pag.

27. Apologie Royale, 1615.

28. Procès du Pape contre le Roy, 1615. 16 pag.

—C'eſt encore une réponſe au diſcours du Cardinal du Perron; mais ce nouveau *Jean des Habiletés* s'eſcrimait ſeul contre tous, & auſſi longuement qu'on le voulait.

29. Apologie de l'article premier du Tiers-Etat, par R. P. D. P. 1615.

30. Mémoires & advis pour rendre les Jéſuites utiles en France, où ſont découvertes

plusieurs choses de leur institut, jusques à présent cachées. *Paulus* 1, *Cor. cap.* 5, *v.* 15, *auferte malum ex vobis ipsis.* 40 pag.
—Satyre sanglante.

31. De la grandeur de nos Roys, & de leur souveraine Puissance. Paris, ce mois de Janvier 1615, pendant la teneur des Estats. 250 pag.
—C'est la seconde Edition : il y a une Epître dédicatoire au Roi, signée Théophile du Jay.

32. Traité de la Souveraineté du Roy & de son Royaume, aux Députés de la Noblesse ; par Jean Savaron, Président à Clermont en Auvergne, 1615.

33. Second Traité, au Roy Louis XIII ; par Jean Savaron, Président à Clermont en Auvergne, 1615.

34. Examen du Traité de Maistre Jean Savaron, de la Souveraineté du Roy & de son Royaume, 1615.
—Cet examen est de Jean Le Coq.

35. Erreurs & impostures de l'examen des Traités, &c. Par Jean Savaron. Paris, 1615.
—Il parut cette année, & les suivantes, plusieurs autres Ouvrages pour ou contre les

Traités de Savaron, mais qui n'ont qu'un rapport indirect aux Etats de 1614.

36. Homélie sur ces mots de Sainct Mathieu, chap. 16, v. 18 : *tu es Petrus.* 27 pag.

—Contre la puissance temporelle du Pape.

37. Consultation de Maistre J. Bédé, Sieur de la Gourmandiere, Angevin, Advocat au Parlement de Paris, sur la question : Si le Pape est supérieur du Roy, en ce qui est du temporel. Sedan, Jannon, 1615. 118 pag.

38. Advertissement à MM. les Députés du Clergé, sur la décadence de l'Eglise Gallicane. 60 pag.

39. Discours sur la réception du Concile de Trente en France. 32 pag.

—On conclut qu'il ne doit pas être reçu.

40. Résolution de MM. de l'Assemblée du Clergé, tenue à Paris le 7 Juillet 1615, pour la réception du Concile de Trente en France. 7 pag.

41. Discours pour la seureté de la vie & de l'estat des Roys. 40 pag.

42. Le véritable de ce qui s'est passé en la présence du Roy, le 8 Janvier 1615 ; la loy

proposée aux Estats, touchant la personne sacrée des Roys, conformément aux Arrêts de la Cour de Parlement, 1615. 6 pag.

—C'est le récit d'une dispute qui s'éleva au Conseil du Roi, entre les Cardinaux de Sourdis & du Perron, d'une part; & le Prince de Condé & le Duc de Bouillon, d'une autre. Sourdis parla avec insolence; le Prince de Condé lui dit qu'il l'aurait fait châtier, sans le respect dû à la présence du Roi.

43. Advis salutaire donné au Sieur illustrissime Cardinal de Sourdis, pour plus sagement vivre à l'advenir. 14 pag.

—A l'occasion de sa dispute avec le Prince de Condé.

§. VI.

Ecrits par lesquels on demandait qu'il fût fait de nouvelles informations sur la mort d'Henri IV.

1. Les Manes de Henri le Grand, se complaignant à tous les Princes, Peuples & Potentats, 1615. 15 pag.

—Contre le Duc d'Epernon, Conchiny, les

Jésuites & les Ministres. La Reine elle-même n'y est pas épargnée.

2. Révélations, ou suite des Manes de Henri le Grand, à la France, 1615. 16 pag.

—On y parle de la mort d'Henri IV, du premier article, des Cardinaux de Sourdis & d'Epernon.

3. La chemise sanglante d'Henri le Grand; 1615. 8 pag.

—Piece hardie & éloquente, contre le Duc d'Epernon, nommément accusé de l'assassinat d'Henri IV. Il y a des traits injurieux à la Reine Mère.

4. L'ombre d'Henri le Grand, au Roy.

5. Le bon Navarrois aux pieds du Roy.

—On y accuse encore le Duc d'Epernon. On condamne l'alliance avec l'Espagne, & on accuse le Clergé de vouloir asservir la France au Pape.

6. Les allarmes. 21 pag.

—Sur la mort d'Henri IV & en faveur du premier article.

§. VII.

Arrêts du Parlement, à l'occaſion des Etats, & Ouvrages au ſujet de ces Arrêts.

1. RELATION de ce qui s'eſt paſſé tant au Parlement qu'au Louvre, au ſujet de l'Arrêt du 28 Mars 1615, ſur les Remontrances du Parlement.

2. Diſcours véritable de ce qui s'eſt paſſé au Parlement, en ſuite de l'Arrêt de la Cour, du 28 Mars dernier, & des Remontrances. 1615. 87 pag.

3. Remontrances préſentées au Roy, par Noſſeigneurs du Parlement, le 21 Mai, 1615. 63 pag.

—Le Parlement ayant donné un Arrêt de convocation des Pairs, le 28 Mars, l'Arrêt fut caſſé par le Conſeil d'Etat, le 23 Mai. Remontrances en conſéquence, où l'on trouve cette phraſe : Voire même que ce qui eſt accordé par nos Rois, aux Etats-Généraux, doit être vérifié en votre Cour, &c.

4. Diſcours de ce qui s'eſt paſſé à la préſentation des Remontrances, 1615.

5. Le Pacifique, pour la défenſe du Parlement, à la Reyne. 1615.

—Sur les Remontrances du 21 Mai. On y attribue l'Arrêt du Conſeil qui les caſſa, aux mauvaisconſeils du Pere Coton & du Maréchal d'Ancre.

6. Extrait des Regiſtres de la Cour, touchant ce qui s'eſt paſſé en l'affaire de M. d'Epernon. 8 pag.

—Voyez ſur cette affaire le Mercure Français, tom. 2. En général, on trouve, dans cet Ouvrage, années 1614 & 1615, des détails très-curieux ſur les Etats.

7. Remontrance & plainčte des Gens du Roy à la Cour de Parlement, & concluſions par eux priſes le 20 de Juin 1614, contre le livre intitulé: R. P. Franciſci Suarez, &c., ſur leſquelles eſt intervenu l'Arrêt de la Cour, donné le 26, & exécuté le 27 des meſmes mois & an. A Paris. Jouxte la copie imprimée chez P. Mettayer, 1614. 16 pag.

8. Arrêt de la Cour de Parlement, du 2 Janvier 1615, touchant la Souveraineté du Roy au temporel, & contre la pernicieuſe doctrine d'attenter aux perſonnes ſacrées des Roys. A Paris, chez F. Morel, 1615. 6 pag.

§ VIII.

§. VIII.

Ecrits à l'occasion du Mariage du Roi avec l'Infante.

1. Discours sur les Mariages de France & d'Espagne, contenant les raisons qui ont meu Mgr. le Prince à en demander la surséance, 1614. 23 pag.

2. Remontrance à la Reyne, sur les alliances d'Espagne, 1614. 31 pag.

3. Remontrances faictes par l'Ambassadeur de la grande Bretagne, au Roy & à la Reyne sa Mere, en Juin 1615.

— Contre l'alliance d'Espagne. L'Auteur, qui se nommait Edmundes, demande la suppression de la harangue du Cardinal du Perron, comme séditieuse, &c.

4. Discours d'Etat présenté au Roy, sur les alliances de France & d'Espagne, tant vieilles que nouvelles; par J. B. Gentilhomme Champenois, ci-devant Député aux Etats pour la Noblesse de Champagne. Paris, Dubreuil, 1615.

5. Les terreurs paniques de ceux qui pensent que l'alliance d'Espagne doit mettre la guerre en France, 1615.

6. Articles & conventions arreſtées en Eſpagne, le Mercredy 20 d'Aouſt 1612; par M. le Duc de Mayenne, aſſiſté de M. de Puiſieux & M. de Vaucelas, avec le ſieur Duc de Lerme, ſur le mariage du Roy Louis XIII avec l'Infante Dame Anne, Princeſſe d'Eſpagne, 1614. 23 pag.

7. Articles & conventions arreſtées en France, le Mercredy 20 Aouſt 1612; par l'illuſtriſſime Seigneur Duc de Paſtrana, & le Seigneur Dom Innego de Cardenas, Ambaſſadeur de Dom Philippe, Prince d'Eſpagne, & Madame Eliſabeth de France, 1614. 16 pag.

8. L'Eſpagnol François. 43 pag.

—En faveur de l'alliance avec l'Eſpagne.

9. Les colloques du Curé de Couſſi, aux François. 7 pag.

—Ce ſont différens paſſages de l'Ecriture appliqués à différentes perſonnes & à différens objets politiques. Il y en a ſur l'alliance d'Eſpagne.

§. IX.

Paſquinades, Satyres, Plaiſanteries.

1. La Harangue d'Achior l'Ammonite, ſur un avis donné à Mgr. le Prince, pro-

noncée après celle d'Alexandre le Forgeron, 1614. 16 pag.

—On y justifie l'alliance avec l'Espagne.

2. Advertissement du Sieur de Bruscambille, sur le voyage d'Espagne.

—Satyre orduriere contre le mariage du Roy avec l'Infante.

3. Bibliothèque imaginaire de Livrets, Lettres & Discours imaginaires. 1- pag. 1615.

—Il y a des titres de Livres fort piquans.

4. Lettre du Courier de l'autre monde, arrivée en France, 1615. 14 pag.

5. L'Héraclite Français, au Roy, sur la clôture des Etats. 17 pag.

6. Le Patois Limousin, à Mgr. le Prince, &c. 13 pag.

—Sans date, mais après la tenue des Etats: ce sont des plaintes contre les Députés. Excellente Pièce, & fort bien écrite.

7. Les Articles des Cahiers Généraux de France, présentés par Maître Guillaume, aux Etats. 15 pag.

—Ce sont les Cahiers en vers burlesques de huit syllabes : on y a ajouté un Cahier des Dames. Quelques bonnes plaisanteries, mais grand nombre d'allusions perdues aujourd'hui.

8. Anatomie des trois Ordres de la France, ſur le ſujet des Etats, 1615.

9. Foucade aux Etats, par Gabriel le Bien-venu, Gentilhomme Angoumoiſin, 1615. 23 pag.

—Satyre libre & bouffone, contre les déſordres de l'Etat.

10. Lettre de Guillot le Songeux, Intendant de Vaugirard.

—Pièce bouffonne, aux Députés, ſur quelques abus à corriger.

11. La Harangue de Turlupin le Souffreteux, 1615.

—Pièce burleſque, où l'on demande le retranchement des Penſions, la réduction des Tailles, l'abolition des Subſides & Gabelles, la ſuppreſſion de l'Annuel, la réformation de la Juſtice, & le renvoi des Députés.

12. Le Catholique Chriſtianiſé, 1615.

—Concernant les Etats, & la corruption de leurs Membres.

13. Les Regrets de Cendrin, 1615. 16 pag.

—On exhorte les Princes à venger la mort de Henri IV, & à réparer le mal que les Députés ont augmenté, loin d'y remédier.

14. Discours véritable de deux Artisans de Paris, Maréchaux de leur état; l'un demeurant à la porte S.-Honoré, appellé Me. Pierre de Rots; l'autre à la porte S.-Antoine, appellé Me. Pierre Rosse; rapporté par un des Serviteurs de la Pomme de Pin. De Paris, 1615. 16 pag.

—Contre les duels & la malversation dans les Finances & la Justice; sur la suppression du luxe & des carrosses; la diminution des tailles, & la recherche des Meurtriers d'Henri IV.

15. Copie de la Harangue faite en la présence du Roy, à l'entrée des Etats; par les Députés de la Rochelle, pour les Eglises réformées, au rapport de Mathaud.

—Satyre contre les Princes, le Clergé, la Noblesse & les Protestans.

16. Cassandre Française. 16 pag.

—Sans date, mais après les Etats; Satyre contre les Députés.

17. La Harangue d'Alexandre le Forgeron, prononcée au Conclave des Réformateurs, 1615. 16 pag.

—On engage les Princes à revenir à la Cour; ainsi cette Piece est antérieure aux Etats.

18. Libre Harangue faite par Mathaud, en la présence de M. le Prince, en son Chasteau d'Amboise, le seizième jour de Juin, 1614. *Quidquid delirant reges, plectuntur Achivi.* 16 pag.

—Satyre en effet très-libre contre les Princes.

19. Lettre de Jacques Bonhomme, Paysan de Beauvoisis, à MM. les Princes retirés de la Cour. Paris, Brunet, 1614. 14 pag.

20. Response du Crocheteur de la Samaritaine, à Jacques Bonhomme, Paysan de Beauvoisis, 1614. 16 pag.

21. Replique de Jacques Bonhomme, Paysan de Beauvoisis, à son Compere le Crocheteur. Paris, Brunet, 1614.

22. Discours de Maistre Jean Joufflu, sur les débats & divisions de ce tems, 1614.

—En style Pantagruéliste.

23. Coq-à-l'Asne, ou Discours mystiques sur les affaires de ce tems. Paris, Dubreuil, 1614. 15 pag.

—Piece en vers de huit syllabes.

24. Sentence arbitrale de Maistre Guillaume, sur les différends qui courent, 1614. 5. pages.

—Elle est signée : Donné par nous Maistre Guillaume, le plus sage de tous les Fous de France, le Samedy 3 Mai, 1614.

25. L'Antimorgard, sur ses Prédictions de la présente année, 1614. Paris, Dubreuil, 1614. 16 pag.

—La hardiesse des prédictions que Morgard avait faites dans son Almanach de 1614, l'avait fait bannir par le Parlement : il annonçait une guerre civile, la réforme des Ecclésiastiques, &c.

26. Le Plaidoyé des préséances & difficultés des Etats, recueilli à l'Hôtel de M. le Prince, premier Pair & Réuniateur des Sujets du Roi, lequel a autorisé l'esprit de Pierre des Viettes, d'y répondre, & de les rédiger par écrit, étant à Paris, le 16 Mars 1614.

—Plaisanterie de Pierre Beaunis de Chanterain, sieur des Viettes, Historiographe du Roi.

27. J'ai veu, ça-tu veu, (*sic*) 1616. 7 pag.

—Excellente Satyre en grands vers : elle a quelques rapports aux-Etats.

28. Extrait de l'Inventaire qui s'est trouvé dans les coffres de M. le Chevalier de Guise; par Mademoiselle d'Antraige, & mis en lumiere par M. de Bassompierre, avec un brief Catalogue de toutes les

chofes paffées, par plufieurs Seigneurs & Dames de la Cour ; le tout recherché & efcrit de la main dudict défunt, & préfenté aux Amateurs de la vertu, 1615. 15 pag.

—Inventaire fictif, très piquant: on l'a imprimé plufieurs fois.

29. Le Diogène Français. 16 pag.

30. L'Homme de Diogène. 26 pag.

—Ces deux Diogènes ne font que des calembourgs & des jeux de mots fur les noms de plufieurs Grands.

31. Refponfe au Diogène Français. 15 pag.

—Elle eft fignée, Pierre de Guinoyfe, au Baron des Ponfeautz des Boires ; mais ce nom eft écrit à rebours : Sériob, &c.

32. La Resjouiffance des Harangeres & Poiffonnieres des Halles, fur les difcours de ce temps. 1614.

—C'eft un Dialogue entre Pernelle & Barbe, en vrai ftyle poiffard : on y trouve des plaifanteries que Vadé n'aurait pas défavouées.

33. Le Cabinet de Vulcan.

—Sans date.

34 Le Réveil de Maistre Guillaume, aux bruits de ce temps, 1615. 33 pag. —En vers & en prose, dans le style de Rabelais.

A l'occasion des Etats-Généraux de 1614, parurent aussi :

1. CHRONOLOGIE des Etats-Généraux ou le Tiers-Etats est comprins, depuis l'an 1615, jusqu'à 422, au Roy très-Chrétien Louis XIII ; par M. Jean Savaron, Conseiller du Roy, Président, Lieutenant-Général en la Sénéchaussée d'Auvergne & Siège Présidial de Clermont, & député aux Etats-Généraux. Paris, Chevalier, 1616. 192 pages, sans compter une Epître au Roy, & un Avis au Lecteur.

—Cet Ouvrage n'est pas bien exact, mais il mettrait sur la voie pour en faire un meilleur ; il faudrait sur-tout changer l'ordre chronologique : Savaron commence par les Etats de 1614, & finit par les Etats tenus à Salison en 422, sous Pharamond. Cet ordre inverse est rebutant & peu commode. Réimprimé en 1788.

2. Recueil général des Etats tenus en

France, ſous les Roys Charles VI, Charles VIII, Charles IX, Henri III, & Louis XIII; dédié à Mgr. le Premier Préſident. A Paris, au Palais, 1651. *in*-4.°
—Ce Recueil eſt connu ſous le nom de (Touſſaints), Quinet, Imprimeur, qui le dédia au Premier Préſident de Molé. On n'y trouve de rélatif aux Etats de 1614, que les noms des Députés des trois Ordres.

3. Recueil très-exact & curieux de tout ce qui s'eſt fait & paſſé de ſingulier & mémorable en l'Aſſemblée générale des Etats tenus à Paris en l'année 1614, & particulièrement en chacune ſéance du Tiers-Ordre, avec le cahier dudit Ordre, & autres Pièces concernant le même ſujet; par Me. Florimond Rapine, Seigneur de Foucherainne, & Lathenon, Conſeiller & Premier Advocat du Roy, au Bailliage & Siége Préſidial de St. Pierre-le-Mouſtier, & l'un des Députés pour le Tiers-Etat dudit Bailliage; dédié à Mgr. le Premier Préſident, Garde des Sceaux de France. A Paris, au Palais, 1651.

—Ce Recueil important ne parut que cinq ans après la mort de Florimond Rapine, arrivée en 1646. Son Fils P. Rapine, le donna au Public, & le dédia au Premier Président. Le titre est très-détaillé, & suffit pour le connoître; la seule chose qu'on regrette de ne pas trouver dans ce Recueil, c'est la Liste des Députés; & il faut avoir recours au Recueil de Quinet, dont le Recueil de Rapine n'est peut-être que la suite. Ces deux Recueils parurent en 1651, parce qu'on songeait alors à assembler les Etats-Généraux, comme on le voit même dans l'Epître dédicatoire du Recueil de Quinet; mais ils n'eurent pas lieu.

FIN.

www.ingramcontent.com/pod-product-compliance
Ingram Content Group UK Ltd.
Pitfield, Milton Keynes, MK11 3LW, UK
UKHW020449230726
13925UKWH00005B/1843

9 782014 04863